Remerciement

Merci pour m'avoir apporté l'aide dont j'avais besoin. Sache que tu m'as aidé bien plus que tu ne le penses alors je t'écris un « Merci » qui vient vraiment du fond du cœur.

Gracias

Kelly

Un petit cadeau pour toi :

Tu as un message à écrire !

Un message pour toi ou pour quelqu'un !

N'hésite pas à me demander.

Mes écritures

Zakaryae_writings

Cequejecris

Rentrer à la Maison

Se préparer un Café

S'affaler dans un Canapé

Sans personne autour...

À chacun de décider si Cela est
de la solitude ou de la liberté.

Anonyme.

Tombez Amoureux

de vous et de la vie

ensuite de qui vous voulez

Anonyme

Toutes les Tempêtes ne viennent pas gâcher votre vie Certaines viennent nettoyer votre chemin.

Anonyme

Votre Rêve n'a pas

de date d'expiration

Respirez profondement et Réessayez

Anonyme

Lorsque Tu Fais une promesse

Tu donnes de l'espoir

lorsque Tu l'honores

Tu Crées de la Confiance

Anonyme

Tous les Matins

Lève Toi avec l'intention d'avoir

une Magnifique Journée

et dis-Toi haut et Fort

Je Suis Capable

et je vais Tellement Réussir

Anonyme

Profitez des petites choses

de la vie

Car un jour vous Regarderez

derrière vous

et vous Réaliserez à quel point

elles étaient grandes.

Anonyme

Je

t'aime

parce que

Tout l'univers

a Conspiré

à me Faire

Arriver

Jusqu'à Toi.

PAULO COELHO

Tout changement est difficile au début, Compliqué au Milieu et Magnifique à la Fin.

Anonyme.

Rien ne peut arrêter

une personne qui a enfin compris

qu'elle mérite mieux

Anonyme

Ceux qui sont faits

pour être ensemble

finiront toujours par

se retrouver.

Anonyme.

Un jour vous pourrez

dire :

" Ça n'a pas été facile mais

j'ai Réussi "

Anonyme.

Commence déjà à être

l'Ami de Toi-même

Tu ne Seras jamais seul

Sénèque

Les Petites attentions

Font les grandes relations

Anonyme.

J'ai mis trop de virgules
là où il fallait mettre
un point final

Anonyme

il n'est pas nécessaire

d'avoir beaucoup d'Amis

L'important c'est d'avoir

les meilleurs

Anonyme

Mettre quelqu'un hors de ta vie est parfois nécessaire pour ton bien-être.

ne te sens pas coupable pour ça

Anonyme.

Le plus beau projet

Sur lequel on peut travailler

C'est soi-même.

Anonyme.

Choisir une Femme

c'est Savoir oublier Toutes

les autres.

Anonyme

Les meilleures et les plus
belles choses au monde ne peuvent
pas être vues ou même touchées
elles doivent être Senties avec le
Coeur.

HELLEN KELLER

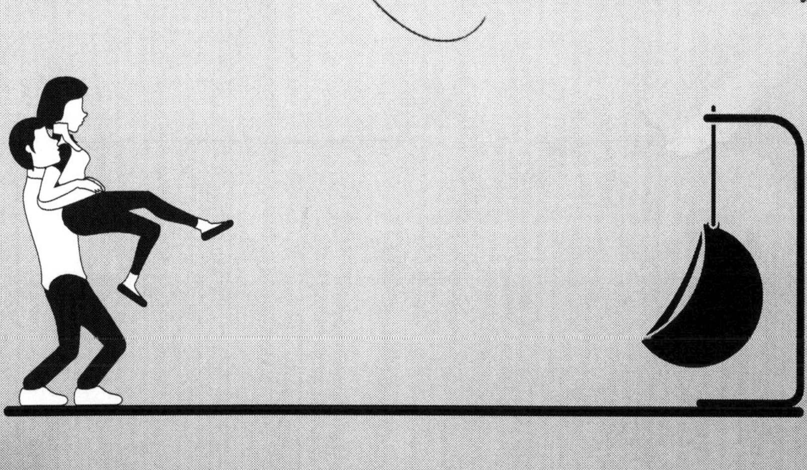

Quand vous décidez

d'ignorer ceux qui vous blessent

vous enlevez une grande partie

de leur pouvoir.

Anonyme

J'aime la goutte qui fait

déborder le vase

C'est de là que débute tout

changement.

Anonyme

Soyez Patient

Chaque chose arrive en Son Temps

Pas Toujours quand vous

le désirez Mais Toujours au Meilleur

Moment et Surtout

quand vous êtes prêt à la Recevoir

Anonyme

Si quelqu'un veut

sérieusement faire partie

de ta vie

il fera sérieusement l'impossible

pour y être.

Paulo Coelho

On apprend à être heureux

Quand on Comprend qu'être

Triste ne sert à rien.

Anonyme.

il faut enseigner à certaines
personnes la différence entre
la liberté, l'ouverture d'esprit et
être mal élevé.

Anonyme

Ne jamais Confondre

Silence et ignorance

Calme et acceptation

gentillesse et Faiblesse.

Anonyme.

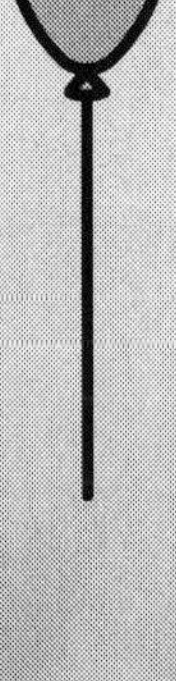

Les vrais Amis ne se parlent

pas forcement tous les jours

mais

ils ne s'oublient pas.

Anonyme

N'acceptez jamais d'être le deuxième choix d'une personne ni sa roue de rechange ni son plan B.

Ne vous contentez pas d'être une simple option

Soyez patient pour attendre la personne qui vous méritez, celle qui vous traitera comme sa priorité.

Anonyme

Quand vous voyez quelque

chose de beau chez quelqu'un

dites le lui

Cela vous prend une seconde

et lui Restera toute sa vie.

Anonyme

Beaucoup d'hommes pensent

que les femmes veulent de l'argent

des voitures, des cadeaux mais une

vraie femme veut des efforts de

la passion, du temps, de la loyauté

des sourires et qu'il décide de faire

d'elle une priorité

Anonyme

N'ayez jamais honte d'avoir
aimé des gens qui se sont
ensuite révélés être faux.
Laissez-les avoir honte
de ce qu'ils sont.

Anonyme

Ce ne sera plus jamais

Comme avant.

Ce sera Mieux

Anonyme.

Les efforts,

on les Fait avant de perdre

quelqu'un, pas après...

Anonyme

Une histoire d'amour

C'est les bonnes personnes au bon moment.

Mais souvent dans la vie, c'est les bonnes personnes mais pas au bon moment, et puis un jour, le moment revient.

Marc Lévy

N'abandonne jamais quelque

chose que tu voulais vraiment

C'est difficile d'attendre

Mais encore plus de regretter...

Anonyme.

Dans chaque femme

dort un ange, une princesse et

un démon.

Celle que tu réveilles sera celle

que tu auras.

A. HOPKINS

on pardonne,

on pardonne,

puis,

un jour,

on abandonne...

Anonyme

J'aime les gens qui ont

appris à vivre seuls.

Car ils te fréquentent par

envie et non par besoin.

Anonyme

il y a tellement d'humains

pour si peu d'humanité.

Anonyme.

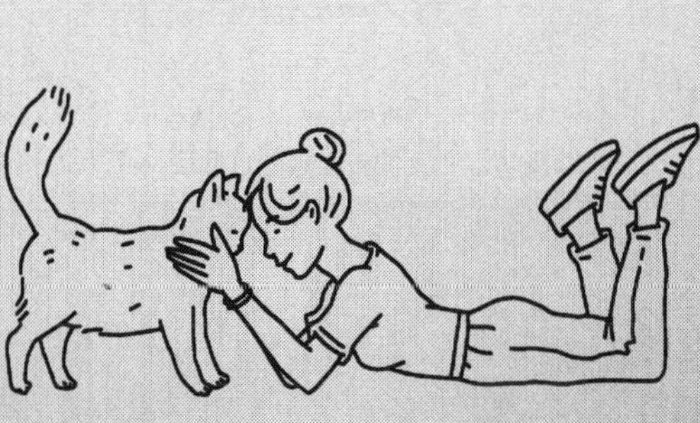

il ne s'agit pas d'avoir

la Relation parfaite

il s'agit de trouver quelqu'un

qui vous Correspond et qui traversera

tout avec toi sans abandonner.

Anonyme.

Si vous êtes

Capable d'être heureux

Quand vous êtes seul

vous avez appris le secret

du bonheur

Osho

Celui qui Continue d'être

une bonne personne même après

avoir été blessé

Sera Tôt ou Tard Sincèrement

Récompensé.

Anonyme

Le destin fait entrer

beaucoup de personnes dans

ta vie

Mais seules les meilleures restent

pour toujours.

Anonyme

Nous ne Faisons pas de
nouvelles RenContres par accident
elles Sont destinées à Croiser notre
chemin pour une Raison.

Anonyme

il est nécessaire que ceux qui

n'étaient pas pour toi quittent

ta vie

pour laisser de la place aux

Rencontres qui sont faites

pour toi et qui t'attendent

depuis le tout début

Anonyme

Venge avec ta réussite

Punis avec ton absence

Tue avec ton silence

Mais surtout gagne avec

la joie de vivre.

Anonyme.

Parfois, on croit perdre quelque chose et, en fait, on ne sait pas qu'on est en train de gagner infiniment plus

Eliette Abecassis

De Temps en Temps

il nous faut faire une pause

pour permettre à notre âme de

nous rejoindre.

Proverbe Indièn.

il y a dans chaque cœur

un coin de Solitude

que personne ne peut atteindre

ALBERT CAMUS

Garde tes distances avec

les gens,

ne les laisse pas trop en savoir

sur toi.

Mieux vaut être froid et heureux

que trop gentil et brisé.

Anonyme

Celui qui t'aime

t'appelle, te cherche

pense à toi

se préoccupe pour toi

te le dit, te le montre.

Anonyme

Je ne regrette rien

Mais j'aurais aimé prendre

de meilleures décisions à certains

moments de ma vie .

Passer à une autre chose

ne veut pas dire oublier...

Ça signifie choisir

le bonheur plutôt que

la douleur..

Anonyme.

N'aie pas peur de

ReCommenCer

Tu ne ReCommenCes jamais

à zéro, Tu

ReCommenCes avec de l'expérienCe

Anonyme

Persévérez... Tout va
Venir au
bon Moment...

"La vie est vraiment Simple,
mais nous insistons à la Rendre Compliquée"

Confucius

Quand tu t'es battu si dur pour te remettre debout,

ne retourne jamais vers ceux qui t'ont mis ā terre.

Nelson Mandela

être attentif à quelqu'un.

C'est le Compliment le plus

Sincère qu'on puisse lui

Faire.

Walter Anderson

“

il n'est pas nécessaire

d'avoir beaucoup d'amis.

L'important c'est d'avoir les

meilleurs.

Anonyme

”

Aucune preuve d'Amour

ne peut être plus précieuse

qu'un mot ou un acte de

Respect.

parce que le respect est la

plus haute expression d'Amour.

Anonyme

N'importe qui peut t'aimer

lorsque le Soleil brille.

C'est dans les tempêtes que

tu apprends qui tient

vraiment à toi.

Anonyme.

Vis ta vie !

oublie ton âge et fais

ce qui te plaît à toi,

pas ce qui plaît aux autres

Anonyme.

Parfois, on Croît Connaître
les gens, puis on se rend
Compte qu'en vérité ils
sont loin d'être Comme on
le pensait.

Anonyme.

Pas besoin de frapper

pour faire mal

Les mots font mal

Le silence fait mal

La trahison fait mal

Le rejet fait mal

L'indifférence fait mal

Anonyme.

Un Jour Tu Seras

au bon endroit

au bon moment

avec la bonne Personne.

Anonyme.

Apparement quand

Tu Traîtes les gens Comme

ils Te Traitent

Ça les vexe.

Anonyme

Un Jour Tu RenContreras
la Personne qui Te Fera
Comprendre pourquoi Cela
n'a Jamais Fonctionné avec
les autres.

Anonyme.

La meilleure vengeance
est d'avancer, reprendre
le dessus et continuer
à réussir.

Ne jamais donner à quelqu'un
la satisfaction de vous voir
souffrir.

Anonyme.

J'adore quand je ne suis
pas obligé de faire attention
à Ce que je dis.

C'est là qu'on se Rend
Compte qu'on est avec les
bonnes personnes.

Anonyme.

Une des plus belles

choses que la vie puisse te

donner c'est une personne

qui sait écouter tes mots

interpréter tes silences et

t'aime pour ce que tu es

Anonyme

La Meilleure Relation

est Celle où vous êtes

des Amants

Mais aussi des Meilleurs Amis

Anonyme -

N'attends Rien

Tout arrive...

Anonyme

N'oubliez pas de fréquenter

des gens heureux

Car le bonheur est Contagieux

Anonyme.

N'attendez pas les bons

moments pour être heureux,

Soyez heureux et les bons

moments arriveront tout

seuls.

Anonyme.

Aimer

C'est Tomber Amoureux

de la même

Personne Tous les jours.

Anonyme.

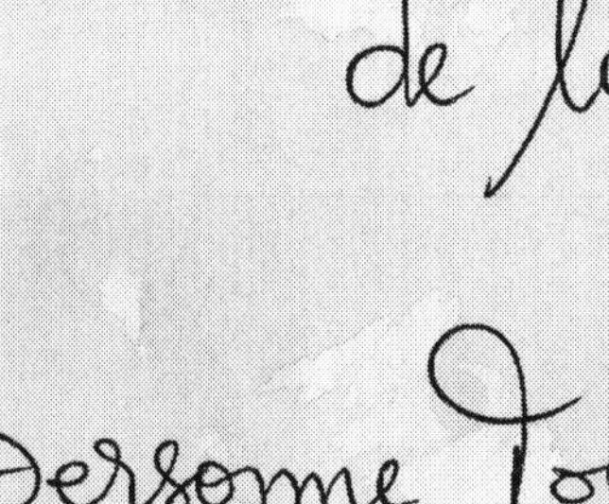

“

il y a Ceux qui disent

et

il y a Ceux qui prouvent.

Anonyme.

”

Le bonheur est un papillon

qui, lorsqu'il est poursuivi, est

toujours juste au-dessus de votre portée

mais qui, si vous vous asseyez

tranquillement

peut se poser sur vous

Nathaniel Hawthorne

Que la Solitude

ne vous pousse

jamais à renouer des liens

inutiles.

Anonyme.

Quelqu'un qui est

Satisfait de sa vie

regarde peu la vie des autres

Anonyme.

Le plus grand trésor

dans la vie est la famille.

Anonyme.

Au moment où vous arrêtez

de vous inquiéter de ce qui

va se passer.

vous commencez à profiter de

ce qui se passe.

Anonyme.

“

Mieux vaut être giflé

par la vérité

qu'embrassé par un mensonge

Anonyme.

”

Le problème des personnes

Sincères

c'est qu'elles croient souvent

que les autres le sont aussi

Anonyme.

Le plus beau Cadeau

à donner à quelqu'un est

Ton Temps, Ton attention et Ton

Amour.

Anonyme

La plus grande déclaration

d'Amour que je connaisse

est la présence

Isabelle Galle

J'ai décidé de m'aimer et de me pardonner pour toutes les fois où j'avais besoin de moi mais où j'étais trop occupé(e) à penser aux autres.

Anonyme.

La meilleure façon d'être heureux

avec quelqu'un est d'apprendre à

être seul ainsi

La présence de l'autre est un

choix et non une nécessité

Anonyme

et un jour on rencontre une

personne sans même le vouloir

puis elle devient notre plus belle

histoire.

Anonyme.

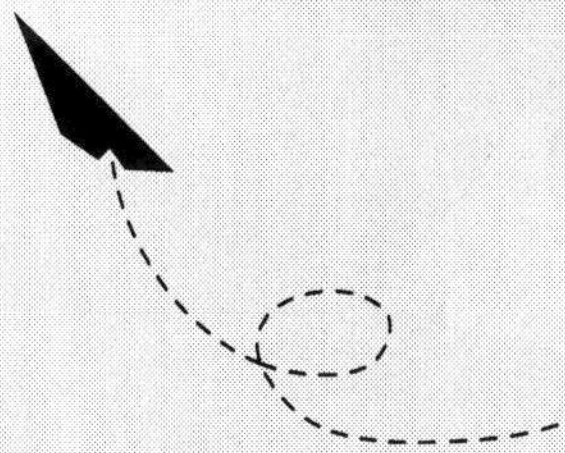

Nous n'obtenons pas toujours

Ce que nous voulons

Mais tôt ou tard, la vie nous

donne Ce que nous méritons.

Anonyme

Personne n'est parfait

Mais chacun et chacune

Peut être le sublime idéal

de quelqu'un

Anonyme

il Faut accepter la fin

de quelque chose

pour Construire le début d'une

autre chose enCore plus belle.

Anonyme

Parfois,

il faut oublier ce que

tu ressens,

et penser à ce que tu mérites

Anonyme.

Ne vous attachez pas trop

vite aux gens

ne leur accordez pas trop d'importance

et ne Croyez pas à tout ce qu'ils

vous disent, Car vous pourriez tomber

de haut, très haut.

Anonyme

Ça doit être ça les vrais

Amis.

Ceux qui Restent même quand on

part, qu'on retrouve en revenant

une semaine, un Mois, un an,

Cinq ans après.

Agnès Ledig

C'est durant les pires moments

de ta vie

que tu verras les vraies couleurs

de ceux qui prétendent se préoccuper

de toi.

Anonyme

Les âmes Soeurs Finissent

par se RenContrer

Car elles ont la Même Cachette

Robert Brault.

Ce n'est pas la distance

qui sépare

C'est le silence.

Anonyme.

il y a des moments où

l'on voudrait dire tellement de

choses que la meilleure façon de

les dire

c'est de Rester silencieux

Anonyme.

Celui qui a besoin de toi

te contactera

Celui qui veut te voir

aura du temps pour toi

Celui qui te veut

te trouvera

Le reste n'est qu'une excuse.

Anonyme.

Les personnes qui aiment

manger sont toujours celles avec qui

on passe les meilleurs moments...

Anonyme.

Lorsque tu essaies de tout

Contrôler

Tu ne profites d'aucun moment

Détends toi, respire, lâche prise

et vis.

Anonyme.

Les mensonges les plus cachés

et les personnes les plus fausses

seront découverts

Tout finit par se savoir

Faites confiance au temps.

Anonyme

Tout arrive

pour qui sait attendre

Anonyme.

Je voudrais que tu sois là

que tu frappes à la porte

et tu me dirais c'est moi

Devine ce que j'apporte

et tu m'apporterais toi.

Boris Vian.

prends soin de ceux que

Tu aimes.

Car Tu ne connais pas le

moment où ils partiront

Anonyme

il y a des potes

c'est des Antidépresseurs ;

Tu les vois de loin ,

Tu souris déjà.

Anonyme

Celui qui a vécu le pire

vivra le meilleur

après la douleur, il y a le véritable

bonheur.

Anonyme

Ne Faites pas de programmes,

ne pensez pas trop

les belles choses arrivent à

l'improviste.

Anonyme

Mieux vaut l'absence

d'Amour

que d'être faussement aimé

Anonyme

Parfois,

il est nécessaire de tomber

pour voir qui reste à vos côtés

lors des pires moments.

Anonyme

Ce qu'il y a de bien dans

les pires moments de ta vie.

C'est que tu vois les réelles

intentions de chacun.

Anonyme

Tu n'as pas à te justifier

Tu n'as pas à prouver qui tu es.

Les gens qui t'aiment vraiment

resteront,

Que les autres poursuivent leur

Route.

Anonyme

Quand la vie vous refuse

quelque chose

C'est parce qu'elle vous prépare

quelque chose d'encore mieux

Anonyme

Toujours croire que

quelque chose de merveilleux

va arriver.

Anonyme

il n'y a pas de bonheur

sans douleur

ni de Réussite sans erreurs.

Anonyme.

On sait qu'une Relation

est bonne pour nous

quand elle nous permet

d'améliorer notre vie

pas de la compliquer.

Anonyme

Un beau Couple

est un Couple qui s'aide mutuellement
pour corriger ses erreurs et
pour être de meilleures
personnes, en surmontant les obstacles
ensemble.

Anonyme

Printed by Amazon Italia Logistica S.r.l.
Torrazza Piemonte (TO), Italy

29588900R00140